1

COSAS QUE DEBERÍAS SABER SOBRE LOS CABALLOS

Flying Frog Publishing

This edition published by
Flying Frog Publishing
Lutherville, MD 21093
Made in India.

101

COSAS QUE DEBERÍAS SABER SOBRE LOS

CABALLOS

Contenido

El origen y los mitos

1 El primer antepasado del caballo fue el *Eohippus*, que vivió hace 55 millones de años.

Vivía en América del Norte y medía entre 8 y 16 pulgadas (20 y 40 cm) de altura, ¡era del tamaño de un perro pequeño! Contaba con cuatro dedos en las extremidades anteriores y tres en las posteriores. Poco a poco fue evolucionando hasta convertirse en el caballo tal como lo conocemos hoy, un animal que ha suscitado mucho interés y ha dado origen a una gran cantidad de mitos y leyendas.

2 Millones de años de evolución

El *Eohippus* fue transformándose a lo largo de millones de años: perdió los cuatro dedos hasta no tener más que uno, terminado en una única uña que se fue endureciendo para convertirse en el casco. Sus patas crecieron para permitirle huir más eficazmente de los depredadores, su cuello se alargó para poder seguir pastando, y su esqueleto y sus dientes evolucionaron hasta dar lugar hace 5 millones de años al *Equus*, el caballo como lo conocemos hoy.

3 Sleipnir, un caballo de ocho patas

Sleipnir era el caballo de Odín, la deidad más poderosa de la mitología nórdica, a quien se lo había regalado el dios Loki. Tenía ocho patas, que representaban los ocho vientos que soplan desde cada punto cardinal. Era capaz de correr a toda velocidad por tierra, mar y aire.

4 Un largo camino para llegar desde América del Norte hasta Eurasia.

Los descendientes del *Eohippus* fueron desplazándose desde América del Norte para poblar Eurasia y África hace nada menos que 15,000 años. Y, curiosamente, los caballos se extinguieron en América del Norte hace 10,000 años.

El *Eohippus*, antepasado del caballo, era del tamaño de un zorro. ¡Mira cómo ha crecido desde entonces!

5 De caballos salvajes a caballos domesticados

Los hombres prehistóricos los cazaban por su carne. Las pinturas rupestres de algunas cuevas muestran la importancia que el caballo tenía para ellos; entonces su relación era exclusivamente la de presa y depredador. Pero hace 5,500 años se domesticaron los primeros caballos en la zona occidental de Eurasia. Entre los muchos usos que se les dieron, se empezó a aprovechar la leche de las yeguas. En Europa se produjo la domesticación 2,000 años después.

6 El centauro, mitad hombre, mitad caballo

En la mitología griega, existía un ser cuyo torso y cabeza eran de hombre, mientras que tenía el cuerpo de un caballo. Sus enfrentamientos con personajes mitológicos de la Antigua Grecia simbolizaban la lucha entre la barbarie y la civilización. Aunque son menos conocidos, también existían seres con torso y cabeza de mujer, llamadas centáurides.

7 Todo por el cuerno mágico

Desde tiempos remotos se creía que el cuerno del unicornio tenía poderes curativos y protegía contra los envenenamientos. ¡Por eso había quienes pagaban fortunas por él! Se creía también que al sumergirlo en agua, la hacía potable. ¡En la Edad Media se le atribuía la capacidad de derrotar incluso a los elefantes!

8 El unicornio, la leyenda que traspasó el tiempo y las fronteras.

Hay varias hipótesis sobre el origen de las muchas leyendas en las que aparece este ser maravilloso. Se cree que venían de los antiguos relatos griegos acerca de la India, que hablaban de su existencia. Pero también los vikingos contribuyeron a alimentar la leyenda, pues vendían el cuerno de los narvales haciéndolo pasar por cuerno de unicornio.

9 Pegaso, el caballo alado

Cuenta la mitología griega que Perseo le cortó la cabeza a Medusa, una mujer cuyo pelo eran serpientes, y de la sangre derramada surgió Pegaso. Este caballo alado, representado en blanco o negro, al volar movía las patas como si estuviera galopando en el aire. El héroe Belerofonte domó a Pegaso y con él consiguió derrotar a la Quimera, una bestia con múltiples cabezas.

Vivir en libertad

10 La manada, la familia del caballo

Los caballos viven en manada, siguen una jerarquía que otorga a cada uno su sitio en el grupo. Este sistema les proporciona mayor seguridad ante los depredadores. La manada siempre la lidera la yegua más vieja, mientras que el semental es el dueño y guardián del grupo. Puedes ver la jerarquía de una manada si observas el orden en el que se acercan a beber los caballos.

11 Los nativos americanos no tenían caballos.

¿Recuerdas que los caballos se extinguieron en América del Norte hace 10,000 años? Cuando los europeos llegaron, ¡los indígenas ni siquiera conocían este animal! Fueron los conquistadores españoles quienes lo reintrodujeron en América en el siglo XVI. Grandes manadas de caballos salvajes fueron extendiéndose por las tierras del nuevo continente hasta que los descubrieron los indígenas.

12 Amenaza para el macho dominante

Los caballos respetan la jerarquía establecida en su grupo. Pero los potrillos, cuando alcanzan los 18 meses, se convierten en una amenaza para el macho dominante, pues podrían ocupar su lugar. Este les expulsa de la manada y los potros tratarán de formar la suya propia. ¡A no ser que consigan derrotar al semental!

¿SABÍAS QUE...?

Es posible observar manadas de caballos casi salvajes en los parques naturales protegidos del sur de Patagonia, en Chile y Argentina.

13 La huida es la primera defensa del caballo.

Cuando acecha un peligro, el instinto de los caballos les lleva a huir corriendo todos en grupo. Al depredador le parece entonces que está persiguiendo a un animal mucho más grande y potente: aislar a un miembro de la manada es más complicado. No obstante, si un caballo tiene que defenderse luchando, también lo hará, aunque siempre tratará de evitarlo.

14 El mustang, el caballo por excelencia de los nativos americanos

Se llama así a los caballos salvajes de América del Norte, que descienden de los de origen andaluz, árabe e hispanoárabe que llevaron a América los conquistadores españoles. Cambiaron la vida cotidiana de muchos pueblos indígenas, como los sioux, los cheyenes o los pies negros. Modificaron tanto su forma de cazar como de desplazarse, y también sus estrategias de combate.

15 Un lenguaje corporal

Los caballos se comunican entre ellos todo el tiempo, pero lo que menos hacen es relinchar, porque utilizan un lenguaje corporal. La comunicación se consigue mediante las posturas del cuerpo, del cuello, a través de la mirada, del movimiento de las orejas, de la cola, los mordiscos (que pueden ser amistosos o de advertencia), etc.

16 Los nativos americanos montaban a pelo.

Los nativos americanos domaban sus caballos de tal manera que no necesitaban ponerles un freno en la boca. Utilizaban métodos de doma que se basaban en la observación del comportamiento del caballo, para amansarlo sin ejercer violencia. Montaban a pelo, los manejaban con un bozal, e incluso solo con los pies. Enseñaban a los caballos a tumbarse para esconderse del enemigo, a saltar zanjas, a cruzar ríos, a galopar con la cabeza tapada, a acudir a las llamadas (silbidos o voces)... Su relación se basaba en la confianza y el respeto.

17 Los vaqueros, métodos opuestos de doma

Capturaban a los caballos salvajes con un lazo y después los domesticaban en su rancho, empleando métodos algo violentos. Los hombres se imponían por la fuerza y los caballos terminaban rindiéndose por agotamiento y se sometían por miedo.

18 Caballos salvajes de hoy

El caballo de Przewalski es la única subespecie de caballo salvaje que queda en nuestros días. De origen mongol, fue salvado de la extinción por unos naturalistas. Apenas quedan mil ejemplares en el mundo.

El caballo le servía al vaquero como vehículo desde el que podía conducir bien al ganado a través de las inmensas praderas.

Una gran variedad

19 ¡Cientos de razas por el mundo!

Existen centenares de razas de caballos en todo el mundo, aunque es difícil dar cifras exactas, pues entran en juego diversos criterios. Por lo general, se distribuyen en tres categorías: caballos de monta, caballos de tiro y ponis. A esta clasificación también se añaden otras: caballos de sangre caliente y de sangre fría, caballos salvajes, caballos extinguidos... Y también se pueden clasificar por la zona donde viven, por su morfología o en función del color del pelaje, por ejemplo.

20 ¿Cuál es el origen de las razas?

Los animales, igual que los humanos, han ido experimentando adaptaciones a lo largo de su evolución. El principal causante en el caso de los caballos es el entorno en el que habitan: no es lo mismo vivir en una estepa llana y prácticamente desértica que en altas montañas, en países cálidos o en países fríos. La morfología del caballo (su tamaño, su pelaje, su peso) ha ido adaptándose a las condiciones ambientales y climáticas para asegurar la supervivencia de la especie.

21 El hombre, criador y creador de razas

A partir de esta base natural, los hombres han criado animales desde hace miles de años, dando lugar a razas adaptadas al uso que querían darles: transporte de carga, trabajo en el campo, competición deportiva, etc.

22 Tres aires: paso, trote, galope

Resulta que el caballo islandés se sale de la norma... ¡es el único que puede realizar cinco pasos diferentes! El paso, el trote, el galope, el paso volador, que es un trote muy rápido, y el *tölt*, parecido al paso con un ligero bote, ¡pero que resulta ser casi tres veces más rápido que este!

¿SABÍAS QUE...?

¡Existe un caballo de color dorado! Es el Akhal Teké.

23 La yegua más pequeña y el caballo más alto del mundo ¡son de la misma raza!

La yegua mide tan solo 17 pulgadas (43 cm) de alto y pesa 59 libras (27 kg). ¡El tamaño de un perro! Vive en Estados Unidos y padece de enanismo, una condición genética que hace que sea una auténtica miniatura. El caballo más alto del mundo, que es de la misma raza belga, ¡mide 6 pies, 7 pulgadas (202 cm)!

24 Los colores de los pelajes, casi tan diversos como las razas

Muchas veces están ligados a su raza. Así, el caballo de Camargue (sur de Francia) siempre es blanco o gris, mientras que el Appaloosa siempre presenta manchas en la parte trasera del cuerpo y la parte delantera más oscura. Existen infinidad de colores de pelaje: ¿conoces algunos?

25 Las marcas, seña de identidad

Se encuentran principalmente en la cabeza y en las patas. Existen denominaciones para cada tipo de marca en la cabeza: estrella, lunar, máscara, careto... pero ninguna es exactamente igual a otra. Las marcas de las patas pueden ser blancas o negras, e ir desde una pequeña mancha encima del casco hasta llegar por encima de la rodilla.

26 Incluso los cascos tienen dos colores.

La dureza de los cascos se conoce por el color de estos. Un casco blanco o rosado siempre es menos duro y resistente que uno negro. Los hay incluso que tienen líneas rosas y negras en un mismo casco.

27 Los asnos, las cebras, las mulas... ¿son caballos?

Estas especies no son caballos, aunque pertenecen a la familia de los équidos, que engloba también a los caballos. Las mulas nacen de padre asno y madre yegua. Aunque existen mulos, son más raros y entre ellos no pueden tener crías. Las cebras, que viven en África, se dividen en tres razas. Y los asnos también son équidos.

28 ¿Cómo ven los caballos?

Sus ojos son muy grandes: en proporción a su tamaño ¡más que los de un elefante o una ballena! Al estar situados a los lados de la cabeza, les permiten tener una amplia visión lateral y también frontal, aunque con ciertas zonas ciegas debajo y detrás de la cabeza.

29 No se les escapa una...

Pueden ver al mismo tiempo el pasto que comen, a los demás miembros de la manada y vigilar a los eventuales depredadores sin tener que mover la cabeza. Su visión nocturna es muy buena y parece que son capaces de apreciar muchos colores, aunque no hay pruebas seguras de ello.

El mundo vaquero

30 El rodeo

Cuando un caballo salvaje es montado por primera vez, piensa que el jinete es un depredador, por lo que trata a toda costa de deshacerse de la fiera amenazante que tiene sobre el lomo: se encabrita, patea, se encorva... Se han creado competiciones en torno a esta práctica que consisten en aguantar el mayor tiempo posible encima del animal sin caerse. Por lo general ¡el jinete no aguanta más de medio minuto!

31 Origen vaquero

El estilo de vida del vaquero y su trabajo fueron heredados de los mexicanos que vivían en lo que en la actualidad es Texas. Se dedicaban a la crianza del ganado introducida por los conquistadores españoles del siglo XVI. También eran agricultores.

32 El ganado en libertad

El ganado de varios propietarios era dejado en libertad para que pastara por las inmensas llanuras abiertas. Cada seis meses, en primavera y otoño, los vaqueros iban a buscarlo y lo llevaban a los corrales, donde marcaban a los animales nacidos esa temporada, curaban a los heridos y separaban los novillos (para carne) y las vacas (para cría).

33 Solamente la silla de montar era suya.

El caballo que montaba el vaquero solía ser propiedad del ranchero para el que trabajaba. Pero el vaquero debía domar al animal que fuera a montar y con frecuencia tenía que cambiar de caballo, pues el duro trabajo le causaba lesiones y agotamiento.

34 La vida en los ranchos

Situados en plena naturaleza los ranchos, eran la vivienda de los granjeros. Los vaqueros trabajaban para ellos, aunque rara vez todo el año. La vida en el rancho era dura: no había días de descanso y las jornadas duraban de sol a sol.

35 La vestimenta imprescindible para un vaquero

Todo vaquero que se precie lleva chaparreras de cuero por encima del pantalón, un pañuelo alrededor del cuello, botas de tacón alto, espuelas, sombrero... ¡y pistola! En la silla de montar, que se denomina tejana, lleva cuerdas y el famoso lazo, que le sirve para atrapar caballos salvajes o ganado.

36 Otro uso de la monta vaquera

Los caballos se usaban también para tareas del campo. Los animales debían saber arrear, parar en seco desde el galope, darse la vuelta enseguida y volver a galopar, caminar hacia atrás, de costado, dar vueltas sobre sí mismos, responder a órdenes vocales, etc.

37 De Texas al norte de Estados Unidos

En el siglo XIX, después de la guerra de Secesión, surgieron las rutas ganaderas. Los ganaderos criaban sus reses en Texas y después los vaqueros emprendían un largo viaje de varios meses a caballo hacia el norte, para vender el ganado por la carne y por el cuero. Necesitaban tener mucha resistencia física y ser excelentes jinetes. ¡Trasladaban entre 2,000 y 5,000 reses! Fue en esa época cuando la figura del vaquero adquirió fama e importancia.

38 El caballo, herramienta de trabajo

Una vez domesticado, aparte de compañero inseparable del vaquero, el caballo se convertía en un valioso ayudante en las tareas cotidianas del rancho: para sembrar, para arar la tierra, para desplazarse, para mover objetos pesados... ¡imprescindible!

El caballo y el transporte

39 Transporte público en carruajes

A mediados del siglo XVII, se creó en Francia el primer servicio de transporte público de París, con carrozas que realizaban trayectos fijos y con determinados horarios. Su acceso estaba restringido a una parte de la población, por lo que no tardó en hacerse impopular y cayó en desuso.

¿SABÍAS QUE...?

Hasta el siglo XIX la única alternativa al transporte a caballo era... ¡ir a pie!

40 Signo de distinción

Tener un caballo en la ciudad no estaba al alcance de todos. Era habitual ver a los nobles y a las personas acomodadas paseando por parques y bulevares con sus coches de caballos, algunos de ellos muy lujosos, guiados por elegantes cocheros.

41 La irrupción de los automóviles

En el siglo XIX aparecieron los primeros automóviles y, conforme fueron mejorando y siendo más económicos, las ciudades se llenaron de ellos. No deja de ser curioso que la potencia de un auto se mida en «caballos».

42 Las diligencias, también gracias a los caballos

Para enviar correo, desplazarse o transportar dinero, los hombres usaban la diligencia, un carro tirado por varios caballos. El servicio de "Pony Express" se creó a principios del siglo XIX en Estados Unidos debido a las incesantes migraciones hacia el oeste.

43 Adiós al caballo

La primera revista dedicada al automóvil publicada en Estados Unidos data de 1895 y se llamaba *The Horseless Age* («La era sin caballos»): una muestra clara del cambio de mentalidad, que dejaba de lado ese antiguo medio de transporte.

44 440 lbs (200 kg) de motor para una potencia de... ¡2 caballos!

El primer automóvil de gasolina fue el Benz Motorwagen, y su motor, como el de todos los vehículos hasta principios del siglo XX, se encontraba en la parte trasera. Esa misma empresa, Benz, sería la que terminaría cambiando la ubicación del motor a la parte delantera; primero en un camión y después en los turismos.

45 Y las motos, ¿cuándo aparecieron?

La primera moto del mundo con motor de gasolina fue inventada por un alemán en 1885. Estaba hecha de madera y metal. ¡Incluso sus cuatro ruedas! Pero todo este proceso había empezado en 1868, cuando un francés creó un prototipo que funcionaba a vapor. Estaba fijado en un eje vertical y daba vueltas alrededor de este, ya que su dueño estaba ocupado en hacer funcionar el motor…

Aún hoy en día podemos encontrar carrozas en algunas ciudades, pero solo como atracción turística.

46 El cambio en España

Al principio del siglo XX se estrenaron más de 22,000 millas (36,000 km) de carreteras en toda España. Por ellas circulaban carros, carretas, caballerías y… ¡tres automóviles! Fueron los únicos matriculados en el año 1900.

47 Amazonas contemporáneas

Hasta el siglo XX, casi todas las mujeres montaban al estilo amazona, con ambas piernas del lado izquierdo. Aunque la primera silla se creó en el siglo XIV, era muy rústica y poco segura. En el siglo XVI se mejoró notablemente. Pero las mujeres aristócratas tenían como norma de decoro montar al estilo amazona.

De cazado a cazador

48 El origen de la caza

En un principio, el hombre prehistórico recolectaba y comía raíces, frutas y plantas silvestres. Después empezó a cazar y a comer carne, pasando de ser presa de otros animales, a ser depredador. La domesticación del caballo y su empleo en la caza supuso un gran avance.

49 De la necesidad al recreo

Cuando la caza dejó de ser un medio de subsistencia y se convirtió en un acto social, se desarrollaron nuevas armas y técnicas. Se comenzó a emplear caballos y perros, adiestrándolos para perseguir y rastrear presas. Un ejemplo es la cacería del zorro, que se convirtió en Inglaterra en un importante evento social practicado por nobles y reyes. En ella, grupos de cazadores montados a caballo y ayudados por perros de caza perseguían a un zorro hasta atraparlo.

50 Distintos tipos de caza

En función de la presa, hay tres tipos de caza. La caza mayor engloba a animales como el corzo, el ciervo, el jabalí, etc. La caza menor busca animales como la liebre, el conejo o el zorro. La caza volátil se centra en aves como el pato o la perdiz. Todas ellas se pueden hacer a caballo.

51 La jauría de perros

Una de las mejores razas para la caza es la de los sabuesos. La jauría pueden componerla desde cuatro ¡hasta sesenta perros!, dependiendo de si se caza con armas de fuego o a la carrera. Los perros, gracias a su olfato, son los encargados de encontrar las guaridas de los animales: los sacan de su escondite y los persiguen ladrando para avisar a los cazadores.

52 Una tradición prohibida por ley

La caza del zorro fue prohibida en Inglaterra en 2005, provocando una gran polémica entre los aficionados a la caza, por un lado, y ecologistas y sociedades protectoras de animales por el otro.

53 Las mejores razas

Para la caza deportiva se seleccionaban los mejores caballos, como el purasangre inglés o el hunter irlandés. No solo deben ser los más veloces, sino también valientes y buenos saltadores.

Caballos en la guerra

54 Siempre al servicio del hombre

Desde que el caballo fue domesticado, se empleó su enorme potencia en tareas agrícolas. Pero también trabajó, y mucho, en los campos de batalla. La agilidad de este animal y su fácil manejo hacían que el jinete fuera más peligroso a la hora de atacar.

55 Una nueva técnica de combate

La carga a caballo se inventó en la Edad Media. Antes, los guerreros se desplazaban a caballo hasta el campo de batalla, pero combatían a pie. Con la aparición del arma de fuego, se buscó para luchar un tipo de caballo más ligero, veloz y ágil.

56 De la carga a caballo al caballo de carga

Los caballos pesados que en época medieval se criaban para soportar el peso del guerrero con su armadura fueron posteriormente destinados a tirar de carros. Tanto para el servicio médico como para remolcar los pesados cañones, su trabajo seguía siendo fundamental.

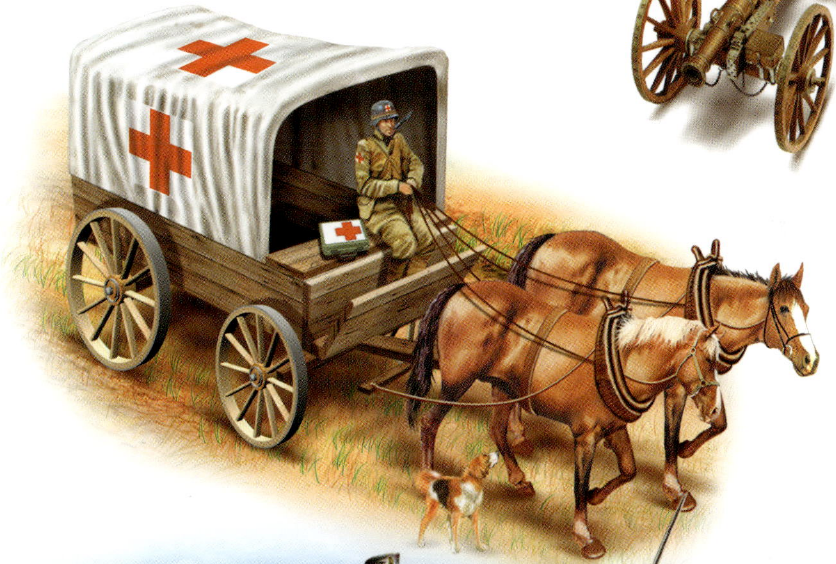

57 Violentos enfrentamientos entre nativos americanos y vaqueros

En muchas películas del oeste se representa a los nativos americanos como salvajes atacando a los vaqueros en sus diligencias. Sin duda eran luchas muy violentas. Pero lo cierto es que los conquistadores querían aniquilar a los nativos americanos para arrebatarles sus tierras.

58 La caballería en el siglo XX

Ni en la Primera ni en la Segunda Guerra Mundial la caballería fue la primera fuerza de combate. Pero sí se recurrió a los sufridos caballos para tareas de reconocimiento y para transportar municiones y equipamiento.

59 ¿Cuántos caballos para el jefe?

Los hombres de alto rango del ejército solían tener varios caballos. Al emperador Napoleón I se le representaba en los cuadros a lomos de Marengo, que era uno de sus corceles favoritos, ¡pero disponía de unos 130 caballos para su uso personal!

60 Las cruzadas a caballo

Las cruzadas, libradas en un principio para restablecer el control cristiano sobre los musulmanes, duraron casi 200 años. Los cruzados se batían a caballo con espadas, mazas y porras. Desgraciadamente, estas cruzadas son famosas por el derramamiento de sangre que dejaban.

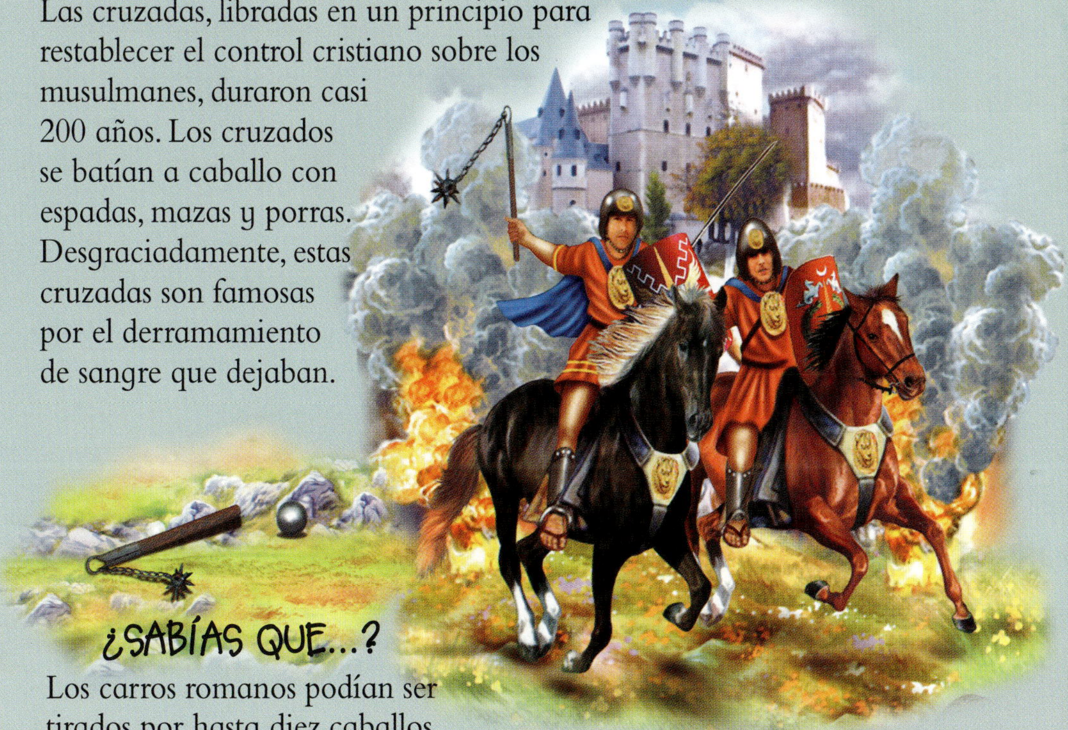

¿SABÍAS QUE...?

Los carros romanos podían ser tirados por hasta diez caballos.

Valiosos trabajadores

61 Los caballos de tiro, ayudantes imprescindibles

Los más propicios para ayudar a los hombres en las tareas rurales, como arrastrar troncos, arar campos o tirar de carretas, son los caballos de tiro, como el shire, el bretón o el percherón. Pero la mayoría de estas razas no existían antes del siglo XVIII, fueron los humanos quienes las crearon.

62 Los caballos de tiro miden entre 5.25 y 5.90 pies (1.60 y 1.80 m).

¡Y pesan entre 1,320 y 2,200 lbs (600 y 1,000 kg)! Suelen tener unas patas anchas con abundante pelo. Los músculos están muy desarrollados y tienen un carácter muy dócil.

63 América del Sur y Asia, una tradición equina aún muy presente

En países como Chile, Argentina, Uruguay, en América, o Mongolia en Asia, el caballo sigue estando muy presente en la vida cotidiana de la gente del campo. Lo utilizan para labrar la tierra, para pastorear el ganado o como medio de transporte.

¿SABÍAS QUE...?

La altura de un caballo se mide desde el suelo hasta la cruz, un hueso situado en la base del cuello.

64 El asno, eterno aliado

Siempre ha sido un buen aliado del hombre. Servía para desplazarse, para transportar cargas pesadas y también para sacar agua de los pozos mediante una noria. En algunos países africanos, como Marruecos, los asnos siguen omnipresentes en la vida cotidiana.

65 Las mulas, las mejores en montaña

Sus patas son más finas que las del caballo y tienen el casco más pequeño y redondo; pero que no te engañen, ¡son muy resistentes y fuertes! De hecho, es el animal de carga y de monta preferido por los arrieros de las montañas andinas, en Suramérica.¡Pueden soportar hasta 265 lbs (120 kg)!

66 En el campo y también en la ciudad

Antes de que aparecieran los primeros vehículos de motor, que eran además un artículo de lujo al alcance de unos pocos, era muy común el uso de caballos en las ciudades. Los coches de bomberos, los de recogida de basura, las carretas para mercancías y hasta el tranvía iban tirados por caballos.

Descubre la hípica

67 Aprender a montar a caballo

Una manera de aprender a montar a caballo es acudir a un centro ecuestre, que suele estar compuesto por unas caballerizas con cuadras, guadarnés, pajar, potrero y picadero.

68 El picadero

Puede estar cubierto o no. En la pista, que tiene el suelo de arena, hay una serie de letras que sirven de referente para ejecutar las figuras que pide el instructor. Durante la clase, que siempre empieza y termina en el centro del picadero, los jinetes deben estar en fila, dejando el espacio de un caballo entre su animal y el que está delante, por motivos de seguridad.

69 Descanso en los potreros

En un centro ecuestre, tras la jornada de trabajo se debe soltar a los caballos en los potreros, un entorno familiar en el que se sienten seguros para moverse libremente. No les gusta nada estar encerrados en la cuadra.

70 Diferentes estilos de montar

Seguramente conocerás la equitación, un deporte que incluye tres disciplinas: el salto, la doma clásica y el concurso completo. Pero también se puede montar a caballo con otros estilos, como la monta vaquera o la monta a la amazona, y practicar otros deportes como las carreras (en pista o campo a través), el volteo, el polo, etc.

71 ¡Vida intensa!

Un caballo vive entre 25 y 30 años. A los cuatro ya es considerado adulto y a partir de los veinte ¡ya es mayor para trabajar!

72 ¡Llega un potro!

La gestación dura entre 10 y 11 meses, según el sexo de la cría. ¡El potro se pone en pie apenas dos horas después de nacer!

El cuidado en la cuadra

73 Montar a caballo es un placer, pero también una responsabilidad

Un caballo, aparte de ser un animal fantástico para divertirse, es un ser vivo que necesita muchos cuidados. Cada día se debe limpiar su cuadra, sacar los excrementos, y una vez a la semana es necesario realizar una limpieza a fondo.

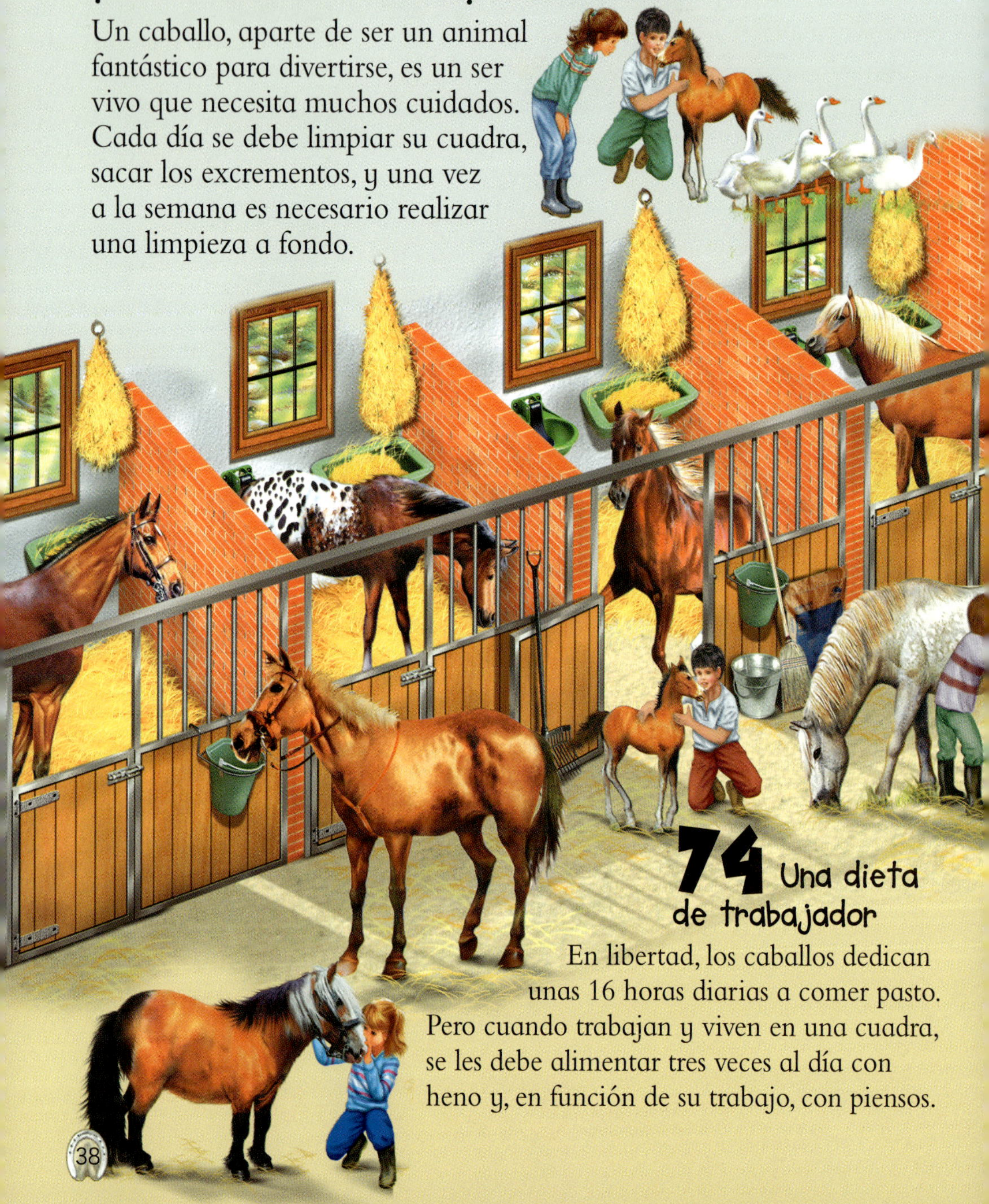

74 Una dieta de trabajador

En libertad, los caballos dedican unas 16 horas diarias a comer pasto. Pero cuando trabajan y viven en una cuadra, se les debe alimentar tres veces al día con heno y, en función de su trabajo, con piensos.

75 La cama del caballo

Los utensilios básicos para limpiar la cuadra son la pala, la horquilla, el recogedor y la escoba. En el suelo las cuadras deben tener lo que se llama «cama»: una buena cantidad de paja o serrín. Además de absorber la orina, aísla los cascos del suelo.

76 ¡Enséñame los dientes!

Para saber la edad de un caballo, hay que mirarle los dientes. A medida que el potro crece, la posición de sus dientes, el color y el desgaste, nos indican su edad.

77 Bebe que te bebe.

¡Un caballo bebe entre 5 y 10 galones (20 y 40 litros) de agua al día! Primero almacena el agua en la boca y va tragándola poco a poco. Por eso cuando termina de beber, siempre le cae por los lados el líquido sobrante que no ha ingerido. En su cuadra hay que renovar el agua todos los días.

78 Cepillar al caballo: una tarea fundamental

Cuando lo cepillas, no lo haces tanto por la estética como para asegurarte de la buena salud del animal. Puede que tenga heridas bajo la cincha de la silla de montar, en la comisura de los labios por el bocado, o una piedra incrustada entre la herradura y el casco.

79 Herramientas de limpieza

Se requieren como mínimo un cepillo y un limpiacascos. Un equipo más completo puede incluir también almohazas, una rasqueta americana, cepillos de diferentes durezas, una esponja, un peine, un cuchillo de calor, un mandil…

80 El material también se cuida.

¿Qué necesitas para montar a caballo? Una silla, una brida y una manta son los elementos mínimos. En función de la actividad que realices, el caballo necesitará también protectores para las patas, amortiguadores para la espalda, campanas para los cascos, etc. Cada mes debes engrasar los cueros de todo el material para que se conserven blandos y no les hagan daño ni a ti ni a él.

81 La visita del veterinario

Cada cierto tiempo, es necesaria una visita de control del veterinario. Pero hay cosas que el propietario de un caballo puede hacer solo, como desparasitarlo cada tres meses, dándole un medicamento pastoso que se pone directamente en la boca. Es muy importante hacerlo; un caballo con parásitos puede terminar muriendo si no recibe tratamiento.

82 ¡Los caballos también llevan zapatos!

Para proteger los cascos se ponen las herraduras en forma de U, en general de hierro, en las cuatro patas. Las delanteras son redondas y las de atrás más ovaladas.

83 Unas sandalias antiguas

Tenemos pruebas de que las herraduras existen desde el siglo IX, aunque su origen podría remontarse a la Antigüedad, cuando se empleaban las «hiposandalias», que eran unas protecciones de metal o cuero que se sujetaban con cinchas, aunque solo se ponían en determinadas ocasiones.

Espectáculo y diversión

84 Un animal fuerte, inquieto, veloz...

Estas cualidades del caballo han hecho que el hombre no se haya limitado a usarlo exclusivamente para el trabajo o el transporte, sino que también lo use para recreo y entretenimiento como en justas, torneos, carreras, acrobacias circenses...

85 Carreras de carros en la Antigua Grecia

Los primeros Juegos Olímpicos tuvieron lugar en el siglo VIII a. C. Incluían las carreras de carros. Muy famosas y aclamadas por el pueblo, eran también peligrosas, tanto para los caballos como para los aurigas, los esclavos que conducían los carros.

86 También en la Antigua Roma

Los romanos heredaron la afición por las carreras de carros de los etruscos, quienes a su vez la heredaron de los griegos. En Roma se celebraban en el Circo Máximo, que podía albergar a unas 25,000 personas. Los carros eran tirados por 2 o 4 caballos.

87 La leyenda romana de Rómulo

Cuenta la leyenda que, después de fundar Roma, Rómulo organizó una carrera de caballos para distraer a los sabinos, un antiguo pueblo de la Italia prerromana. Durante el concurso, Rómulo y sus hombres aprovecharon para raptar a las mujeres de los sabinos.

88 La leyenda de los Juegos Olímpicos

Según la leyenda griega, nacieron a raíz de una carrera de carros que tuvo lugar entre un rey y los pretendientes de su hija. El vencedor, Pélope, instauró los juegos para conmemorar su victoria.

¿SABÍAS QUE...?

Hay un tipo de doma, llamada «racional», que propugna la no violencia, el respeto y la confianza. Se trata de entender y hablar el lenguaje del animal. Impresiona ver la comunicación gestual entre domador y caballo.

89 El hipódromo a un paso del palacio

En Constantinopla, el hipódromo se encontraba junto al palacio del emperador, que podía acceder a su palco sin tener que pisar la calle. En el año 532, el enfrentamiento entre los seguidores de dos equipos desembocó en revueltas populares sin precedente. El motivo no era deportivo, sino político y teológico.

90 «Dios, mi rey y mi dama»

Este era el lema de los caballeros medievales. Defenderlo implicaba destreza y valor, de ellos dependía su honor. Los duelos por conflictos u ofensas se resolvían en las justas.

91 Preservar el honor.

En las justas se enfrentaban dos caballeros para defender el derecho o el honor de alguien. A lomos de su caballo, debían romper tres veces su lanza de madera contra el otro combatiente. Si este caía al suelo, se consideraba rota la lanza.

92 Torneos medievales: la diversión del combate

Estas competiciones, que se celebraron durante la Edad Media y el Renacimiento, incluían varios juegos. El propósito era entretenerse, por lo que las armas, llamadas «armas corteses», eran simuladas.

93 La tradición taurina

Las corridas a caballo (corridas de rejones) siguen practicándose hoy en día en las plazas de toros. En ellas, el torero lidia al toro montado a caballo, y debe tratar de colocarle banderillas en el lomo a la vez que evita sus embestidas.

94 Estrellas en el circo

En el circo, los caballos siempre han sido compañeros de malabaristas, payasos, acróbatas, etc. Aunque muchas veces servían también para tirar de las caravanas. Hoy en día hay muchos espectáculos en los que son los únicos protagonistas.

95 Un espectáculo clásico

En el siglo v a. C., Jenofonte asentó las bases del arte ecuestre. Esa doma clásica consiste en que el caballo ejecute todas las órdenes de su jinete de manera armoniosa y confiada. El entrenamiento es largo e intenso hasta lograr que hombre y animal formen un binomio perfecto.

Deporte, sensaciones fuertes

96 Un simple gesto...

... del jinete le basta al caballo para saber qué rumbo debe seguir. Se convierte en las piernas de su jinete y es capaz de correr, frenar, girar, saltar e incluso bailar con él. Los purasangre son los más usados para el deporte, pues suelen ser los más veloces.

97 El *horseball* y el *cross-country*

El *horseball*, similar al baloncesto, se juega con una pelota dotada de un arnés de cuero que permite poder recogerla sin bajar del caballo. El origen de este deporte es un antiguo juego ecuestre asiático. El *cross-country* forma parte del llamado «concurso completo», que incluye otras dos disciplinas: doma y salto. Consiste en realizar un recorrido cronometrado que incluye el salto de varios obstáculos naturales en el campo.

98 Las carreras de obstáculos

Tienen su origen en la caza inglesa. En el circuito se colocan diversos obstáculos, como cercados, setos, muros, agua, etc. El recorrido mide aproximadamente 3.4 millas (5.5 km) y se realiza a galope.

99 El salto de obstáculos

Es uno de los deportes ecuestres más famosos. El jinete debe lograr que el caballo salte una serie de obstáculos móviles de diferentes estructuras en un tiempo mínimo, sin hacer caer ninguna barra.

100 El polo, ¡golf a galope!

Dos equipos de cuatro jinetes cada uno tratan de meter una pelota en su portería usando el taco, un palo similar al del golf. De origen persa, es un juego muy famoso en la India. Actualmente los mejores caballos de polo provienen de Argentina.

101 Las carreras de *sulkys*

Los participantes van sentados en un carruaje llamado *sulky*, tirado por un solo caballo. Es una carrera de trote exclusivamente, el caballo no puede galopar.

Índice